D0666854

ISBN-13: 978-1985065826
ISBN-10: 1985065827

Q. Did you hear about the cat that ate some wool?

A. It had mittens.

Q: What do you call a monkey floating in the sky?

A: A hot air baboon!

~~~~~~

Q. What did the doctor say to the man with broccoli hanging out his nose and lettuce hanging out his ear?

A. Sir, I don't think you're eating properly

~~~~~~

Q. What do you get if you cross a Refrigerator and a stereo?

A. Cool music!

~~~~~~

Q. Why did the kid bring a ladder to school?

A. Because he wanted to go to high school.

Q. What do you get when you drop a piano down a mine shaft?

A. A Flat Minor!

~~~~~~~~~~~~~~~~~~~~~~~~~~~~~~~~~~~~~~

Q. What did the calculator say to the math student?

A. You can count on me.

~~~~~~~~~~~~~~~~~~~~~~~~~~~~~~~~~~~~~~

Q. What is a ghost's favorite pie?

A. Booberry pie!

~~~~~~~~~~~~~~~~~~~~~~~~~~~~~~~~~~~~~~

Q. How do you make an octopus laugh?

A. With ten-tickles!

Q. What's a rabbit's favorite kind of music?

A. Hip-hop

Q. Why couldn't the pony sing himself a lullaby?

A. He was a little hoarse.

~~~~~~~~~~~~~~~~~~~~~~~~~~~~~~~~~

Q. What musical instrument is found in the bathroom?

A. A tuba toothpaste.

~~~~~~~~~~~~~~~~~~~~~~~~~~~~~~~~~

Q. What stays in the corner yet can travel all over the world?

A. A stamp.

~~~~~~~~~~~~~~~~~~~~~~~~~~~~~~~~~

Q. How do you fix a cracked pumpkin?

A. With a pumpkin patch.

Q. What kind of award did the dentist receive?

A. A little plaque.

~~~~~~

Q: Why wasn't the glow worm happy?

A: Her children weren't that bright!

~~~~~~

Q. Why are ghosts bad liars?

A. Because you can see right through them.

~~~~~~

Q. Why was Santa's little helper depressed?

A. Because he had low elf-esteem!

Q. What do you call a pig that knows karate?

A. A pork chop!

SERiOUSLY SiLLY JOKES FOR KiDS

Q. Why do bees have sticky hair?

A. Because they use a honeycomb.

Q. What did the big flower say to the little flower?

A. Hi, bud!

Q. Why was the picture sent to jail?

A. It was framed.

Q. Where do rabbits go after they get married?

A. On a bunny-moon!

Q. Did you hear about the guy who invented the knock knock joke?

A. He won the "no-bell" prize!

~~~~~~~~~~~~~~~~~~~~~~~~~~~~~~~~~~~~

Q: What is a frog's favorite drink?

A: croak - a - cola

~~~~~~~~~~~~~~~~~~~~~~~~~~~~~~~~~~~~

Q. What did one wall say to the other wall?

A. I'll meet you at the corner.

~~~~~~~~~~~~~~~~~~~~~~~~~~~~~~~~~~~~

Q. What do lawyers wear to court?

A. Lawsuits.

Q. What kind of food does a racehorse eat?

A. Fast Food!

Q. What kind of hair do oceans have?

A. Wavy.

~~~~~~~~~~~~~~~~~~~~~~~~~~~~~~~~~

Q. What's black & white and read all over?

A. A newspaper.

~~~~~~~~~~~~~~~~~~~~~~~~~~~~~~~~~

Q. What is black, white and green all over?

A. A pickle in a tuxedo.

~~~~~~~~~~~~~~~~~~~~~~~~~~~~~~~~~

Q. What time is it if an elephant sits on the fence?

A. Time to fix the fence!

Q. What do you call an old snowman?

A. Water.

~~~~~~

Q. Why didn't the orange win the race?

A. It ran out of juice.

~~~~~~

Q. What dinosaur had the best vocabulary?

A. The thesaurus.

~~~~~~

Q. Why are fish so smart?

A. Because they live in schools!

Q. Why do gorillas have big nostrils?

A. Because they have big fingers!

Q. What did the wolf say when it stubbed its toe?

A. Owwwww-ch!

Q. Why did Timmy throw the clock out of the window?

A. Because he wanted to see time fly.

Q. What did one toilet say to the other?

A. You look flushed.

Q. Where do people go when they have two broken legs?

A. Nowhere!

Q. What word is always spelled wrong in the dictionary?

A. Wrong.

~~~~~~~~~~~~~~~~~~~~~~~~~~~~~~~~~~~~

Q. How do pickles enjoy a day out?

A. They relish it.

~~~~~~~~~~~~~~~~~~~~~~~~~~~~~~~~~~~~

Q. Where do ants go to eat out?

A. At a restaur-ant!

~~~~~~~~~~~~~~~~~~~~~~~~~~~~~~~~~~~~

Q. What's a sea monster's favorite dinner?

A. Fish & ships!

Q. How do hens stay fit?

A. They "egg-ercise"

Q. Why was the cow sad?

A. Because he couldn't go to the MOO-vies

~~~~~~

Q. What animal always breaks the rules?

A. A cheetah!

~~~~~~

Q. Why did the elephant paint his toenails red?

A. To hide in the strawberry patch!

~~~~~~

Q. What is a cheese that does not belong to you?

A. nacho cheese!

Q. What do you call two witches sharing an apartment?

A. Broom-mates!

~~~~~~~~~~~~~~~~~~~~~~~~~~~~~~~~~~~~~~

Q. Did you hear about the pregnant bed-bug?

A. She's having her babies in the spring.

~~~~~~~~~~~~~~~~~~~~~~~~~~~~~~~~~~~~~~

Q. Which is the best athlete to have with you on a cold day?

A. A long jumper.

~~~~~~~~~~~~~~~~~~~~~~~~~~~~~~~~~~~~~~

Q. Did you hear about the two men arrested for stealing batteries and fireworks?

A. One was charged but the other was let off.

Q. How do bears keep their den cool in the summer?

A. They use bear-conditioning.

Q. What goes black-white-black-white-black-white .....?

A. A penguin rolling down a hill.

~~~~~~~~~~~~~~~~~~~~~~~~~~~~~~~~~~~~

Q. What's black and white and says "Ha ha ha ha ha ha"?

A. The penguin that pushed him.

~~~~~~~~~~~~~~~~~~~~~~~~~~~~~~~~~~~~

Q. Why did the jelly baby go to school?

A. Because he really wanted to be a smartie.

~~~~~~~~~~~~~~~~~~~~~~~~~~~~~~~~~~~~

Q. What did the janitor say when he jumped out of the closet?

A. Supplies!

Q. What's the difference between a soldier and a sailor?

A. You can't dip a sailor into your boiled egg.

~~~~~~

Q. What time do ducks get up?

A. At the quack of dawn.

~~~~~~

Q. Why is number six afraid of number seven?

A. Because seven eight nine !

~~~~~~

Q. What's the difference between broccoli and boogers?

A. Kids will eat boogers

Q. Where do sheep go to get their hair cut?

A. To the baa-baa shop!

Q: Why do birds fly south in the winter?

A: Because it's too far to walk!

Q. Why did the toilet paper roll down the hill?

A. To get to the bottom.

Q. What's black and white and scary?

A. A maths exam paper.

Q. What's brown and sticky?

A. A stick.

Q. What do you call a snake that works on a building site?

A. A boa constructor.

~~~~~~~~~~~~~~~~~~~~~~~~~~~~~~~~~~~~~

Q. Why did the kid put sugar under his pillow?

A. So he would have sweet dreams

~~~~~~~~~~~~~~~~~~~~~~~~~~~~~~~~~~~~~

Q. How did the phone propose to his girlfriend on Valentine's Day?

A. He gave her a ring.

~~~~~~~~~~~~~~~~~~~~~~~~~~~~~~~~~~~~~

Q. What do you call two birds in love?

A. Tweet-hearts!

Q. Why do ducks make great detectives?

A. They always quack the case.

Q. Why are skeletons so calm?

A. Because nothing gets under their skin!

~~~~~~

Q. Why did the banana go to the doctor?

A. Because it wasn't peeling well.

~~~~~~

Q. What do you get if you cross a fish and an elephant?

A. Swimming trunks.

~~~~~~

Q. What does a cloud wear under its raincoat?

A. Thunderwear.

SERIOUSLY SiLLY JOKES FOR KiDS

Q. What do ghosts eat for supper?

A. Spooketi

~~~~~~

Q. What time should you go to the dentist?

A. Tooth hurty.

~~~~~~

Q. What did one ocean say to the other?

A. Nothing. It just waved.

~~~~~~

Q. What do you call a guy lying on your doorstep?

A. Matt.

Q. Why did the man run around his bed?

A. Because he was trying to catch up on his sleep!

Q. Why did the cookie go to the hospital?

A. Cause he was feeling crummy.

~~~~~~~~~~~~~~~~~~~~~~~~~~~~~~~~~

Q. What do cows read?

A. Cattle-logs.

~~~~~~~~~~~~~~~~~~~~~~~~~~~~~~~~~

Q. What does a spider's bride wear?

A. A webbing dress.

~~~~~~~~~~~~~~~~~~~~~~~~~~~~~~~~~

Q. Why did the scarecrow get a promotion?

A. Because he was outstanding in his field.

Q. How do mountains stay warm in winter?

A. Snowcaps.

~~~~~~~~~~~~~~~~~~~~~~~~~~~~~~~~~~~~~~~

Q. What washes up on tiny beaches?

A. Microwaves.

~~~~~~~~~~~~~~~~~~~~~~~~~~~~~~~~~~~~~~~

Q: Which runs faster, hot or cold?

A: Hot. Everyone can catch a cold.

~~~~~~~~~~~~~~~~~~~~~~~~~~~~~~~~~~~~~~~

Q. What did the policeman say to his tummy?

A. Freeze. You're under a vest.

Q. Why did the man bring a toilet to a party?

A. Because he was a party pooper

Q: What goes tick-tock, woof-woof?

A: A watchdog!

Q. Which hand is it better to write with?

A. Neither, it's best to write with a pen!

Q. Why did the math book look so sad?

A. Because it had so many problems!

Q. Why are elephants so wrinkled?

A. Because they take too long to iron!

Q. What did the duck say to the comedian?

A. You quack me up

~~~~~~

Q. What do you call an alligator in a vest?

A. An investigator!

~~~~~~

Q. What has four wheels and flies?

A. A garbage truck!

~~~~~~

Q. What do you call a boy named Lee that no one talks to?

A. Lonely

Q. What does the ghost call his true love?

A. My ghoul-friend.

Q. What did Cinderella say when her photos did not show up?

A. Someday my prints will come!

~~~~~~

Q. Why was the broom late?

A. It over swept!

~~~~~~

Q. What did the stamp say to the envelope?

A. Stick with me and we will go places!

~~~~~~

Q. Why was the belt arrested?

A. Because it held up some pants!

Q. What makes the calendar seem so popular?

A. Because it has a lot of dates!

~~~~~~~~~~~~~~~~~~~~~~~~~~~~~~~~

Q. Where do baby ghosts go during the day?

A. Dayscare!

~~~~~~~~~~~~~~~~~~~~~~~~~~~~~~~~

Q. What do elves do after school?

A. Their gnome work!

~~~~~~~~~~~~~~~~~~~~~~~~~~~~~~~~

Q. Who is Santa's favorite singer?

A. Elf-is Presley!

Q. What do you call a rich elf?

A. Welfy.

Q. Who hides in the bakery at Christmas?

A. A mince spy!

~~~~~~

Q. What do you call a cat in the desert?

A. Sandy Claws!

~~~~~~

Q. What do you get if you eat Christmas decorations?

A. Tinsilitis!

~~~~~~

Q. Why don't you ever see Father Christmas in a hospital?

A. Because he has private elf care!

Q. What Season Is It When You're On A Trampoline?

A. Spring time!

~~~~~~

Q. What Did The Pencil Say To The Other Pencil?

A. You're looking sharp.

~~~~~~

Q. What's It Called When A Cat Wins A Dog Show?

A. A CAT-HAS-TROPHY!

~~~~~~

Q. What Happens If you Eat Yeast And Shoe Polish?

A. Every morning you'll rise and shine!

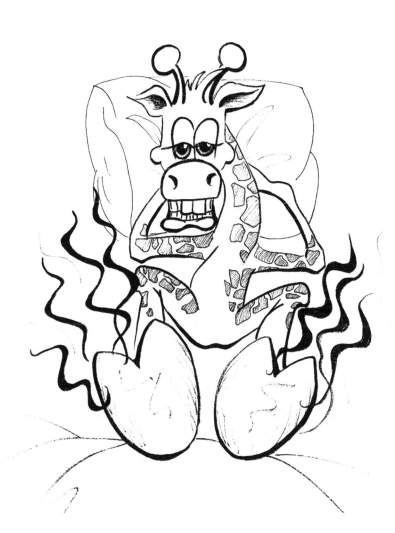

Q. Why has a giraffe got a long neck?

A. Because his feet stink.

Q. What Sound Do Porcupines Make When They Kiss?

A. Ouch!

~~~~~~

Q. What Stays In The Corner And Travels All Over The World?

A. A stamp.

~~~~~~

Q. Why was the teacher cross eyed?

A. Because he couldn't control his pupils!

~~~~~~

Q. What Do You Call A Baby Monkey?

A. A chimp off the old block.

Q. Who Earns A Living Driving Their Customers Away?

A. .Taxi drivers.

~~~~~~

Q. Why does it take a pirate so long to learn the alphabet?

A. Because they can spend years at c.

~~~~~~

Q: What did the grape do when it got stepped on?

A: It let out a little wine

~~~~~~

Q. What's red and smells like blue paint?

A. Red paint.

Q. What do you call a three-legged donkey?

A. Wonkey.

Q: Where can you learn to make ice cream?

A: At Sundae School.

~~~~~~~~~~~~~~~~~~~~~~~~~~~~~~~~~~~

Q: What did the farmer say to the horse when he walked in the barn?

A: Why the long face?

~~~~~~~~~~~~~~~~~~~~~~~~~~~~~~~~~~~

Q: What gives you the power to walk through a wall?

A: A door

~~~~~~~~~~~~~~~~~~~~~~~~~~~~~~~~~~~

Q: What did the students do when their shoelaces got tangled together?

A: They went on a class trip.

Q. What do you call a fish with no eyes?

A. A fsh

~~~~~~

Q. What do you call a deer with no eyes?

A. No eye deer.

~~~~~~

Q. What do you call a deer with no eyes and no legs?

A. Still no eye deer.

~~~~~~

Q. Why should you never get dressed in front of a pokemon?

A. He may pikachu.

Q. What do you call a magic dog?

A. A Labracadabrador!

Q. Why don't lobsters or crabs share their food with each other?

A. Because they're shellfish!

~~~~~~~~~~~~~~~~~~~~~~~~~~~~~

Q. Why shouldn't you write with a broken pencil?

A. Because it's pointless!

~~~~~~~~~~~~~~~~~~~~~~~~~~~~~

Q. What do you call a fish with 10 eyes?

A. A fiiiiiiiiish.

~~~~~~~~~~~~~~~~~~~~~~~~~~~~~

Q. What do you need when you hurt a lemon?

A. A lemon-aid!

Q. What's green, fuzzy, has four legs, and if it fell out of a tree it would really hurt?

A. A pool table.

~~~~~~

Q. Why did the old lady put roller skates on her rocking chair?

A. Because she wanted to rock and roll.

~~~~~~

Q. What do you call a famous fish?

A. A Starfish.

~~~~~~

Q. What do cats like on a hot day?

A. A mice cream cone

Q: What did the astronaut cook in his skillet?

A: Unidentified frying objects.

Patient. Doctor, doctor, I keep stealing things

Doctor. Have you taken anything for it?

~~~~~~~~~~~~~~~~~~~~~~~~~~~~~~

Patient. My hair keeps falling out. What can you give me to keep it in?

Doctor. A shoebox

~~~~~~~~~~~~~~~~~~~~~~~~~~~~~~

Q. What did one volcano say to the other?

A. I lava you so much

~~~~~~~~~~~~~~~~~~~~~~~~~~~~~~

Q. What do dogs like to eat for breakfast?

A. 'Pooched' eggs and 'Bark-on.'

Q. Why is the barn so noisy?

A. Because the cows have horns.

~~~~~~~~~~~~~~~~~~~~~~~~~~~~~~~

Q. What do you call a fly that has no wings?

A. A walk.

~~~~~~~~~~~~~~~~~~~~~~~~~~~~~~~

Q. Why don't turkeys get invited to dinner parties?

A. Because they use fowl language.

~~~~~~~~~~~~~~~~~~~~~~~~~~~~~~~

Q. What's a Ducks favorite TV show?

A. The Feather Forecast.

Q. What do you get if you cross a vampire and a snowman?

A. Frostbite

Q. Which birds steal soap from the bath?

A. Robber Duckies.

~~~~~~~~~~~~~~~~~~~~~~~~~~~~~~~

Q. What do you get if you cross a frog and a dog?

A. A Croaker Spaniel.

~~~~~~~~~~~~~~~~~~~~~~~~~~~~~~~

Q. What do you get when you cross Bambi with a ghost?

A. Bamboo.

~~~~~~~~~~~~~~~~~~~~~~~~~~~~~~~

Q. Why did the boy throw the butter out the window?

A. He wanted to see a butterfly.

Q. Why do cowboys ride horses?

A. Because they're too heavy to carry.

~~~~~~

Q. What lies at the bottom of the ocean and worries?

A. A nervous wreck.

~~~~~~

Q. Which are the stronger days of the week? Saturday and Sunday.

A. The rest are weekdays.

~~~~~~

Q. Why is it not a good idea to try to trick a snake?

A. Because you can't pull his leg.

Q. Why don't skeletons skydive?

A. They don't have the guts.

Q. Did you hear about the kidnapping at school?

A. It's okay. He woke up.

~~~~~~

Q. Who helped the monster go to the ball?

A. Its scary godmother."

~~~~~~

Q. Why do humming birds hum?

A. Because they don't know the words!

~~~~~~

Q. Why was everyone looking up at the ceiling and cheering?

A. They were ceiling fans."

Q. Why did the ninja go to the doctor?

A. He had kung-flu

~~~~~~~~~~~~~~~~~~~~~~~~~~~~~~~~~~~~~~

Q. What is fast, loud and crunchy?

A. A rocket chip!

~~~~~~~~~~~~~~~~~~~~~~~~~~~~~~~~~~~~~~

Q. What do you call a guy with no shins?

A. Toe-knee!

~~~~~~~~~~~~~~~~~~~~~~~~~~~~~~~~~~~~~~

Q. What is yellow and dangerous?

A. Shark infested custard!

Q. What do you call a chicken looking at a bowl of lettuce?

A. Chicken sees-a-salad.

Q. What day of the week does the potato look forward to the least?

A. Fry-day.

Q. Why did the chef get sent to prison?

A. Because he beat the eggs and whipped the cream.

Q. Did you hear about the pig with a rash?

A. He needed a little oinkment.

Q. Why are hairdressers never late for work?

A. Because they know all the short cuts

Q. Did you hear about the magic tractor?

A. It was driving down the road and it turned into a field.

~~~~~~~~~~~~~~~~~~~~~~~~~~~~~~~~~~~~~~~

Q. What's the difference between people from Dubai and people from Abu Dhabi?

A. People from Dubai don't watch the Flintstones... People from ABUUUU DHABBBIIIII DOOOOOO!

~~~~~~~~~~~~~~~~~~~~~~~~~~~~~~~~~~~~~~~

Q. What's orange and sounds like a parrot?

A. A carrot

Q. What did the duck say when she bought lipstick?

A. Put it on my bill.

Q. What's the difference between a rabbit at the gym, and a rabbit with a carrot up its nose?

A. One's a fit bunny, the other's a bit funny.

~~~~~~~~~~~~~~~~~~~~~~~~~~~~~~~~~

Q. What would you get if you crossed a teacher with a vampire?

A. Lots of blood tests

~~~~~~~~~~~~~~~~~~~~~~~~~~~~~~~~~

Q. What do you call a dinosaur with no eyes?

A. Do-ya-think-he-saurus?

~~~~~~~~~~~~~~~~~~~~~~~~~~~~~~~~~

Q. How do you know if there's an elephant in your bed?

A. The big "E" on his pajamas.

Q. What type of bee can't make up its mind?

A. A maybe

~~~~~~

Q. Why do fish live in salt water?

A. Because pepper makes them sneeze!

~~~~~~

Q. How does a lion greet the other animals in the field?

A. Pleased to eat you.

~~~~~~

Q. Why did the drum take a nap?

A. It was beat.

Q. Why did the student eat his homework?

A. His teacher said it was a piece of cake!

Q. How do you know if an elephant is standing next to you in an elevator?

A. By the smell of peanuts on their breath.

~~~~~~

Q. Where do Volkswagens go when they get old?

A. The old Volks home!

~~~~~~

Q. Why are teddy bears never hungry?

A. Because they are always stuffed.

~~~~~~

Q. Can a kangaroo jump higher than the Empire State Building?

A. Of course. The Empire State Building can't jump.

Q. Why did the horse chew with his mouth open?

A. Because he had bad stable manners.

~~~~~~~~~~~~~~~~~~~~~~~~~~~~~~~~~~~

Q. Why can't you trust an atom?

A. Because they make up everything.

~~~~~~~~~~~~~~~~~~~~~~~~~~~~~~~~~~~

Q. If you have 12 apples in one hand and 10 oranges in the other, what do you have?

A. Big hands.

~~~~~~~~~~~~~~~~~~~~~~~~~~~~~~~~~~~

Q. What do cats eat for breakfast?

A. Mice Krispies.

Q. What happens to a frog's car when it breaks down?

A. It gets toad away.

Q. Did you hear about the man who dreamed he was eating a giant marshmallow?

A. When he woke up, his pillow was gone.

~~~~~~~~~~~~~~~~~~~~~~~~~~~~~~~~~~~~~

Q. What did one eye say to the other eye?

A. Between you and me, there's something that smells.

~~~~~~~~~~~~~~~~~~~~~~~~~~~~~~~~~~~~~

Q. What do cars eat on their toast?

A. Traffic jam.

~~~~~~~~~~~~~~~~~~~~~~~~~~~~~~~~~~~~~

Q. Why did Cinderella get kicked off the soccer team?

A. Because she ran away from the ball.

Q. What did the judge say when a skunk walked into the courtroom?

A. Odor in the court!

~~~~~~

Q. How do you turn white chocolate into dark chocolate?

A. Turn off the light.

~~~~~~

Patient. "I get a terrible pain in my eye when I drink a cup of coffee."

Doctor. "Try taking the spoon out."

~~~~~~

Q. What do you call a girl who's just come back from the beach?

A. Sandy.

Q. What do you get when you cross a cow with a kangaroo?

A. A kangamoo!

Q. Why is a river rich?

A. It has banks on both sides.

Q. What is green and can sing?

A. Elvis Parsley.

Q. Why did the teacher wear sunglasses inside?

A. Her students were so bright!

Q. What is yellow and dangerous?

A. Shark infested custard!

Q. What's old and wrinkled and belongs to grandma?

A. Grandpa!

~~~~~~

Q: What do you call a line of Barbies in a row?

A: A Barbie queue!

~~~~~~

Q. What's a ghost's favorite dessert?

A. Ice Scream

~~~~~~